AF197546

Andreas Kühnemann

Ruckzuck

Seelen

backen, traditionell

schnell – lecker – gesund - einfach

Information der Deutschen Nationalbibliothek:

Die Deutsche Nationalbibliothek verzeichnet diese Publikation in der Deutschen Nationalbibliografie; detaillierte bibliografische Daten sind im Internet über dnb.dnb.de abrufbar.

Haftungsausschluss

Die Informationen in diesem Buch dienen ausschließlich zur allgemeinen Aufklärung und Unterhaltung. Der Autor und der Verlag übernehmen keinerlei Verantwortung für die Richtigkeit oder Vollständigkeit der im Buch enthaltenen Informationen. Jegliche Handlungen, die auf den Informationen in diesem Buch beruhen, geschehen auf eigenes Risiko.

Der Inhalt dieses Buches stellt keine professionelle Beratung dar. Die Leser sollten immer qualifizierte Fachleute konsultieren, bevor sie aufgrund der Informationen in diesem Buch Entscheidungen treffen. Texte, Recherchen und Informationen wurden unter Mithilfe von diversen Quellen, KI, Kalender, Lebensläufen, historischen Datenbanken, etc. erarbeitet, bzw. erstellt.

Der Autor und der Verlag übernehmen keine Haftung für Verluste oder Schäden, die direkt oder indirekt aus der Anwendung der im Buch enthaltenen Informationen oder Empfehlungen entstehen. Jeder Leser ist dafür verantwortlich, sein eigenes Urteil zu treffen und geeignete Vorsichtsmaßnahmen zu ergreifen, wenn er die im Buch präsentierten Ideen oder Ratschläge umsetzt.

Impressum

Lektorat von: Eigenlektorat, AI
ISBN: 978-3-384-41891-3
Illustration von: Andreas Kühnemann
Covergrafik von: Andreas Kühnemann
Druck und Distribution im Auftrag des Autors:
tredition GmbH, Heinz-Beusen-Stieg 5, 22926 Ahrensburg, Germany

Für die Inhalte ist der Autor verantwortlich. Jede Verwertung ist ohne seine Zustimmung unzulässig. Die Publikation und Verbreitung erfolgen im Auftrag des Autors, zu erreichen unter: Andreas Kühnemann, Strassacker, 87487 Wiggensbach, Germany

Inhalt

2024/7/5 10:58

Allgemeiner Warnhinweis zur Verbrennungsgefahr beim Backen

Beim Backen gibt es einige Gefahren, die man berücksichtigen sollte, um Unfälle und gesundheitliche Probleme zu vermeiden. Hier sind vier wichtige Gefahrenhinweise:

Brandgefahr durch den Ofen: Beim Backen ist der Ofen oft auf hohe Temperaturen eingestellt. Offene Flammen oder heiße Oberflächen können leicht zu Bränden führen. Um dies zu vermeiden, sollte man darauf achten, den Ofen nie unbeaufsichtigt zu lassen. Auch das Entfernen von brennbaren Materialien wie Papiertüchern oder Plastikbehältern in der Nähe des Ofens ist wichtig. Vermeiden Sie zudem das Überfüllen des Ofens, da dies zu Überhitzung und Feuer führen kann. Regelmäßige Reinigung verhindert die Ansammlung von Fett und Essensresten, die sich entzünden könnten.

Verbrühungen und Verbrennungen: Beim Hantieren mit heißen Backblechen, Kuchenformen oder Töpfen besteht die Gefahr von Verbrühungen und Verbrennungen. Schutzhandschuhe oder Topflappen sollten immer verwendet werden, um die Haut vor direktem Kontakt mit heißen Oberflächen zu schützen. Achten Sie darauf, dass Kinder nicht in die Nähe des heißen Ofens oder der Kochflächen kommen. Platzieren Sie heiße Gegenstände sicher, sodass sie nicht versehentlich umgestoßen werden können, und informieren Sie alle Anwesenden über heiße Oberflächen, um Verletzungen zu vermeiden.

Schnittverletzungen durch scharfe Werkzeuge: Beim Bakken werden oft scharfe Messer und andere Küchenwerkzeuge verwendet. Um Schnittverletzungen zu vermeiden, sollten Messer immer richtig gelagert und von Kindern ferngehalten werden. Benutzen Sie geeignete Schneidbretter und achten Sie darauf, dass die Messer scharf sind, da stumpfe Messer eher abrutschen und Unfälle verursachen können. Halten Sie die Messergriffe trocken und rutschfest, und schneiden Sie immer von sich weg. Nach dem Gebrauch sollten scharfe Werkzeuge sofort gereinigt und sicher aufbewahrt werden.

Lebensmittelvergiftung durch unsachgemäße Handhabung von Zutaten: Unsachgemäßer Umgang mit Zutaten, besonders mit rohen Eiern und rohem Fleisch, kann zu Lebensmittelvergiftungen führen. Achten Sie darauf, frische und hochwertige Zutaten zu verwenden und die Kühlkette nicht zu unterbrechen. Waschen Sie sich die Hände gründlich vor und nach dem Umgang mit rohen Lebensmitteln und reinigen Sie alle verwendeten Utensilien und Arbeitsflächen gründlich. Vermeiden Sie den Verzehr von rohem Teig, da dieser schädliche Bakterien enthalten kann. Lagern Sie zubereitete Lebensmittel richtig und kühlen Sie sie bei Bedarf schnell ab, um das Wachstum von Bakterien zu verhindern.

Vorwort

Herzlich willkommen zu unserem Seelen-Backbuch, in dem wir die Kunst des Seelenbackens mit einer modernen, gesunden Note verbinden! Es ist so einfach, man muß nur die Grundreglen beachten. Dieses Buch ist eine Hommage an die traditionelle Seelenbackkunst, kombiniert mit zeitgemäßen Ansätzen für ein schnelles, leckeres und gesundes Backerlebnis. Unser Fokus liegt dabei auf hochwertigen Bio-Zutaten, insbesondere auf dem vielseitigen Dinkel und dem nährstoffreichen Ursalz.

In der heutigen schnelllebigen Welt möchten wir Ihnen Rezepte präsentieren, die nicht nur im Handumdrehen zubereitet sind, sondern auch köstlich und nahrhaft sind. Die Verwendung von Bio-Zutaten garantiert nicht nur einen intensiveren Geschmack, sondern unterstützt auch eine nachhaltige Landwirtschaft und trägt zu Ihrem Wohlbefinden bei.

Die stark gestiegenen Lebensmittelpreise und verschwiegene Beimischungen haben viele Verbraucher zudem dazu veranlasst, alternative Wege zu suchen, um ihre Ernährungskosten zu kontrollieren. Ein Trend, der sich in dieser Situation verstärkt hat, ist das Selbermachen von Lebensmitteln mit gesunden Zutaten, am Besten Bio. Menschen neigen dazu, frische und erschwingliche Grundnahrungsmittel zu kaufen und diese selbst zu verarbeiten, um teure Fertigprodukte zu umgehen.

Dieser DIY-Trend bietet nicht nur finanzielle Vorteile, sondern fördert auch eine bewusstere Ernährung. Verbraucher können die Qualität ihrer Zutaten selbst auswählen und auf Zusatzstoffe oder verarbeitete Inhaltsstoffe verzichten. Dieser Ansatz trägt dazu bei, eine gesündere Lebensweise zu fördern, da selbstgemachte Lebensmittel oft weniger Zucker, Salz und Konservierungsstoffe enthalten.

Die steigenden Preise haben auch das Bewusstsein für nachhaltiges Einkaufen und lokale Produkte gestärkt. Menschen suchen vermehrt nach preisgünstigen, saisonalen Zutaten von Bauernmärkten oder lokalen Produzenten. Insgesamt führt die Kombination aus hohen Lebensmittelpreisen und dem Wunsch nach gesünderer Ernährung dazu, dass immer mehr Menschen ihre Koch- und Backkünste verbessern und sich aktiv für eine ausgewogene und kostengünstige Ernährung einsetzen.

Dinkel, als alternative Getreideart, verleiht unseren Seelen eine besondere Note und sorgt für eine Extraportion Gesundheit. Das Ursalz, reich an Mineralstoffen, gibt den Seelen nicht nur eine ausgewogene Würze, sondern unterstreicht auch unseren Fokus auf eine bewusste Ernährung.

Tauchen Sie ein in die Welt des Seelenbackens und lassen Sie sich von unseren Rezepten inspirieren. Wir sind überzeugt, dass Sie mit unseren schnellen, leckeren und gesunden Seelen nicht nur Ihren Gaumen, sondern auch Ihre Sinne verwöhnen werden. Viel Spaß beim Backen und Genießen!

Geschichte der Seele

Die Tradition des Seelenbackens hat ihre Wurzeln im Mittelalter und ist eng mit dem christlichen Feiertag Allerseelen verbunden, der am 2. November begangen wird. An diesem Tag gedenkt die Kirche der Verstorbenen und betet für ihre Seelen. Im Rahmen dieser Tradition entwickelte sich der Brauch des Seelenbackens, bei dem spezielle Brote, sogenannte Seelen, gebakken und an die Armen und Bedürftigen verteilt wurden. Diese Brote symbolisierten die Hoffnung auf das Seelenheil der Verstorbenen und sollten dazu beitragen, dass ihre Seelen schneller aus dem Fegefeuer erlöst werden.

Der Brauch des Seelenbackens war in vielen europäischen Ländern verbreitet, insbesondere in Deutschland, England und den Niederlanden. In Deutschland wurden die Seelen häufig aus einfachem Hefeteig gebacken und hatten oft eine längliche Form, die an einen Knochen erinnern sollte, als Symbol für die menschlichen Überreste. In England wurden die sogenannten "soul cakes" gebacken, kleine, runde Brote, die oft mit Gewürzen wie Zimt und Muskatnuss verfeinert wurden.

Mit der Zeit entwickelte sich der Brauch weiter und verlor teilweise seine religiöse Bedeutung. In einigen Regionen werden bis heute Seelen oder ähnliche Gebäckstücke zu Allerseelen gebacken, wobei sie mittlerweile oft eher als saisonale Spezialität und weniger als rituelles Gebäck betrachtet werden. Trotzdem bleibt das Seelenbacken ein faszinierendes Beispiel für die Verbindung von Kulinarik und Spiritualität in der europäischen Kulturgeschichte

Los geht's.

Herstellung Seelenteig

Die Herstellung von Hefeteig ist eine Kunst, die einige grundlegende Prinzipien erfordert, um ein perfektes Ergebnis zu erzielen. Hier sind einige wichtige Grundregeln, die bei der Anfertigung von Hefeteig beachtet werden sollten:

Frische Zutaten: Verwenden Sie frische Bio-Hefe, und Bio Dinkel Mehl Typ 630 vom Lieferant Ihres Vetrauens, um optimale Gärung und Aufgehen des Teigs zu gewährleisten. Auch die Qualität der anderen Zutaten, wie Mehl und Flüssigkeiten, beeinflussen durchaus das Endergebnis.

Die richtige Temperatur: Stellen Sie sicher, dass die Flüssigkeiten, insbesondere Wasser, die richtige Temperatur haben, um die Hefe zu aktivieren. Zu heißes Wasser kann die Hefe töten, während zu kaltes Wasser die Gärung verlangsamen kann.Ihr Backofen sollte mindestens 250° C errreichen

Geduld beim Gehenlassen: Lassen Sie dem Teig ausreichend Zeit zum Gehen. Dies ermöglicht es der Hefe, Kohlendioxid zu produzieren, das den Teig auflockert und eine weiche Textur schafft.

Sorgfältiges Kneten: Kneten Sie den Teig gründlich, um das Gluten zu aktivieren. Dies fördert die Elastizität und Struktur des Brotes.

Abgedeckt gehen lassen: Während des Gärungsprozesses sollte der Teig abgedeckt an einem warmen Ort ruhen, um ein optimales Aufgehen zu gewährleisten.

Genau abmessen: Beachten Sie die genauen Mengenangaben für die Zutaten, um das richtige Verhältnis zu gewährleisten.

Indem Sie diese Grundregeln befolgen, können Sie einen köstlichen, gut aufgegangenen Hefeteig herstellen, sei es für Brot, Brötchen oder süße Gebäcke.

Die Wassermenge im Hefeteig kann durch den verwendeten Mehltyp[1] beeinflusst werden. Idealerweise sollte der Teig sich nach dem Mischen leicht vom Rührwerk lösen.

Daher ist es wichtig, die Konsistenz während des Mischprozesses zu überwachen und gegebenenfalls Wasser hinzuzufügen oder das Mehl anzupassen, um die gewünschte Textur zu erreichen. Experimentieren Sie, um den idealen Teig für Ihr Rezept zu finden.

Für unseren Hefeteig verwenden wir das Bio Dinkelmehl einer führenden Drogerie-Markt Kette. Zum Druckzeitpunkt des Buches kostet es EUR 1,45/Kg inkl. MwSt.

---

[1] Die Wahl des Mehls spielt eine entscheidende Rolle, da verschiedene Mehlsorten unterschiedliche Wasseraufnahmekapazitäten haben. Ein höherer Proteingehalt im Mehl erfordert möglicherweise mehr Wasser, um einen geschmeidigen Teig zu erhalten.

Rezept:

Für die Herstellung von Hefeteig für Seelen mit 1 kg Mehl ist Sorgfalt entscheidend. *(Für die Doppelte Menge verdoppeln Sie einfach die Zutaten)*

(Bild_1) Lösen Sie 42 g frische Hefe[2] (Würfel) in 600 ml lauwarmem Wasser ..

.. auf und verwirbeln Sie dies mit dem Schneebesen um Sauerstoff in die Hefe zu bringen. *Wenn möglich haben Sie frohe Gedanken und lächeln dabei[3], denn Wasser hat ein Gedächtnis*

(Bild_2-3) 1 Kg Bio-Dinkelmehl 630, optional Bio-Weizenmehl 405

16-20g Himalaya- oder Ursalz[4] (ca. 2 gehäufte Teelöffel), unbedingt fluorfrei und frei von Riesel- oder sonstigen Zusätzen

50 g Butter oder Schweineschmalz (kann auch weggelassen werden wenn Sie an die Kalorien denken. Fett ist nicht ungesund, gebräunte Butter ist in Indien sogar ein traditionelles Heilmittel)

---

[2] Die Umrechnung von frischer Hefe zu Trockenhefe erfolgt in der Regel im Verhältnis 1:3. Das bedeutet, wenn ein Rezept frische Hefe verlangt und Sie stattdessen Trockenhefe verwenden möchten, sollten Sie etwa ein Drittel der Menge an Trockenhefe verwenden. Zum Beispiel, wenn ein Rezept 42 g frische Hefe erfordert, können Sie stattdessen etwa 15 g Trockenhefe verwenden.

[3]*Beim Rühren einen 30 Sekunden Strudel halten und dabei lächeln kann nicht schaden, Masaru Emoto, die Botschaft des Wassers, ISBN 9783929512212*

[4] (ohne irgendwelche Zusätze!)

Optional 50 g Malz wenn Sie möchten

Traditionell wird für den Seelenteig oft dunkles Malz verwendet, insbesondere Gerstenmalz. Dieses Malz verleiht dem Teig eine charakteristische Farbe und einen leicht süßlichen, malzigen Geschmack, der gut zu den einfachen Zutaten des Brotes passt. Malz wird in verschiedenen Formen angeboten, darunter Malzmehl, Malzsirup und flüssiges Malzextrakt. Für den Seelenteig ist Malzmehl oder flüssiges Malzextrakt am gebräuchlichsten.

Gerstenmalzmehl kann direkt dem Mehl beigemischt werden, was dem Teig eine schöne dunkle Färbung und ein komplexes Aroma verleiht. Alternativ kann flüssiges Malzextrakt verwendet werden, das dem Teig ebenfalls Süße und Tiefe hinzufügt. Beide Varianten unterstützen die Hefeaktivität und tragen zu einer besseren Teigentwicklung bei, was zu einer feinporigen Krume und einer schönen Kruste führt.

Bei der Verwendung von Malz in Seelenteig ist es wichtig, die richtige Menge zu dosieren. Zu viel Malz kann den Teig klebrig machen und den Geschmack überwältigen. Eine gute Faustregel ist, etwa 1-2% des Gesamtmehls als Malz zu verwenden. Das heißt, auf 600 g Mehl kommen etwa 5-10 g Malzmehl oder ein entsprechender Anteil an flüssigem Malzextrakt.

5. Fügen Sie zuerst das Mehl, dann Salz und Fett dem Hefe/Wassergemisch hinzu und kneten Sie gründlich, vorzugsweise mit einer Küchenmaschine, bis ein geschmeidiger Teig entsteht **(Bild_5)**. Lassen Sie den Teig abgedeckt an einem warmen Ort etwa 1 Stunde aufgehen, bis er sich mindestens verdoppelt hat **(Bild_6)**. Der Teig sollte sich nach dem „Gehen" noch leicht von dem Rührgerät lösen lassen, nicht kleben bleiben und nicht zu trocken sein.

Verarbeitung

Traditionelle Weise

Das traditionelle nasse Abtrennen des Seelenteigs auf Granit mit nassen Händen ist eine alte Technik, die in der Herstellung von Seelenbroten verwendet wird. Diese Methode hat sich besonders in süddeutschen Regionen etabliert und ist ein wesentlicher Bestandteil des handwerklichen Backprozesses.

Seelenteig auf Granitplatte legen

Nachdem der Seelenteig ausreichend geknetet und geruht hat, wird er mit nassen Händen auf eine Granitplatte gelegt. Granit ist aufgrund seiner kühlen und glatten Oberfläche ideal für die Teigbearbeitung. Das Abtrennen des Teigs erfolgt ebenfalls mit nassen Händen, was mehrere Vorteile bietet. Zum einen verhindert das Wasser, dass der klebrige Teig an den Händen haften bleibt, was die Handhabung erleichtert. Zum

anderen ermöglicht es präzises Arbeiten und saubere Schnitt-
kanten, wodurch die charakteristischen länglichen Seelen entstehen.

Teig in Seelengröße abnehmen

Mit nassen Händen wird der Teig in Portionen geteilt, wobei
die Feuchtigkeit hilft, den Teig geschmeidig zu halten und ihm
eine glatte Oberfläche zu verleihen. Das Wasser auf den Händen verhindert zudem das Einreißen des Teigs, was zu einer
gleichmäßigen Struktur der Brote führt. Diese Technik erfordert Geschick und Erfahrung, da der Druck und die Feuchtigkeit genau dosiert werden müssen.

Der Einsatz von Granit als Arbeitsfläche hat den zusätzlichen
Vorteil, dass er hygienisch und leicht zu reinigen ist. Die kühle
Temperatur des Steins hält den Teig in optimaler Konsistenz,
insbesondere bei warmem Wetter.

Diese traditionelle Methode des nassen Abtrennens auf Granit
mit nassen Händen ist ein Zeugnis der handwerklichen Präzi-
sion und Hingabe, die in die Herstellung von Seelenbroten ein-
fließt. Sie verbindet funktionale Effizienz mit kulturellem Erbe
und trägt dazu bei, dass die Seelenbrote ihre besondere Textur
und Form erhalten.

Bild Folgeseite

Nasse Seelen auf Granitplatte

Sie können die Seelen auch gleich auf ein Backblech legen

2024/7/13 08:50

Verteilen Sie jeweils 4 bis 5 (je nach Abtrennung) Rollen auf 2
Backbleche und lassen dies ca. 30-60 Minuten (bis ca. zu Verdopp-
lung unter einem Tuch gehen. Das Gehenlassen des Teigs ist ein
entscheidender Schritt im Backprozess, bei dem der Teig ruht und
seine Struktur und Textur entwickelt. Während dieser Phase fer-
mentiert die Hefe im Teig, was zur Bildung von Kohlendioxid
führt. Dieses Gas wird im Teig eingeschlossen, wodurch er aufgeht
und an Volumen zunimmt. Das Gehenlassen sorgt dafür, dass der
Teig elastischer und leichter zu formen ist. Es trägt auch zur Ent-
wicklung des Geschmacks bei, da die Hefe und die Enzyme im
Teig Zucker abbauen und Aromen freisetzen. Typischerweise dau-
ert das Gehenlassen je nach Rezept und Umgebungstemperatur
zwischen einer und zwei Stunden. Der Teig sollte an einem warmen, zugfreien Ort ruhen, idealerweise bei etwa 24-27 Grad Cel-
sius. Man kann ihn mit einem feuchten Tuch abdecken, um ein
Austrocknen zu verhindern.

Ein gut aufgegangener Teig verdoppelt in der Regel sein Volumen und fühlt sich leicht und luftig an. Dieser Prozess ist essentiell für ein lockeres, aromatisches Endprodukt.

(Alternativ stechen Sie die Teiglinge (je ca 200g) mit einer Teigkarte ab.)

Letzte Tätigkeiten vor der Hitze

Bepinseln Sie die Seelen mit Wasser

2024/7/13 08:50

Streuen Sie Kümmel (falls erwünscht auch Salz, oder /und Zwiebelsamen (türkische Ableitung)) auf die noch nassen Seelen

Beachten Sie die Sicherheitshinweise. Lassen Sie sie hier ca. 50 Minuten liegen, bevor sie für **14-16 Minuten bei 250°C**[5],

---

[5] Achten Sie auf die Farbe, nicht alle Backöfen arbeiten korrekt.

(Heißluft), oder **270°** (Unter und Oberhitze)in den Ofen kommen. (Hohe Hitze sehr wichtig für gutes Gelingen und Freisetzen von Röstaromen): Falls Ihr Ofen 300° unterstützt, würde ich das eher empfehlen, zu lange Backzeiten könnten den Brotling austrocken.

Evtl. Notizen

_____

_____

_____

_____

_____

_____

_____

_____

_____

_____

_____

Letzte Schritte

Wenn die Seelen dunkler sein sollen holen Sie die Seelen aus dem Backofen und legen die Seelen mit der Oberseite auf den Rost und weiter 4 Minuten in den Ofen, bis zur gewünschten Röstung.

2024/7/13 09:41

Fertig

Geschafft, die Seelen sind fertig. Um einen Glanz zu generie-
ren nehmen Sie Wasser und Pinsel, und streichen über die
braune Kruste 6-10 mal hin und her. Dadurch löst sich etwas
Stärke uns vermittelt beim Antrocknen einen gefälligen Glanz
der Seele. Je dunkler die Kruste, desto intensiver der Glanz
und die Röstaromen. Lassen Sie Seelen jetzt noch auskühlen.

Alternativen mit gleichem Teig

Mit dem gleichen Teig können Sie auch diverse Variationen backen, z.B. Brezeln (Buch separat erhältlich), Zwiebelfladen, Hörnchen, Kümmelsemmel u.v.m.. Der Teig eignet sich u.A. auch zum Pizzabacken.

Was kosten mich die Seelen eigentlich, und wieviel spare ich?

Zutaten	Preis	Ladenpreis Biobäcker (geschätzt)
1 Kg Dinkelmehl Bio	EUR 1,45	
20 g Ursalz	EUR 0,09	
1 Würfel Hefe	EUR 0,17	
Energie (ca. 1,5KW)	EUR 0,75	
Pro Seele bei 8 Stück	EUR 0,31	EUR 4,50

Mögliche Ersparniss (taxiert)

pro Jahr bei 52 Wochen x 8 Seelen:

(52 W. x 8 Seelen. x EUR 4.50) = 1872.00 EUR (Ladenpreis, geschätzt) – 121,68 (Selbstkosten)=

1750,32 EUR Ersparniss

Leckere Beläge

Seelen sind vielseitige Gebäckstücke, die sich mit einer Fülle von köstlichen Belägen veredeln lassen. Klassisch mit Butter bestrichen, entfaltet die Seele ihren salzigen Charme. Senf verleiht eine angenehme Schärfe, während Frischkäse für Cremigkeit sorgt. Würziger Meerrettich gibt der Seele einen interessanten Kick.

Honig bringt eine süße Note, während Marmeladen wie Erdbeere oder Aprikose für Fruchtigkeit sorgen. Schokoladenaufstriche wie Nutella bieten süße Verführung, während verschiedene Käsesorten herzhafte Variationen ermöglichen. Von Räucherlachs mit Frischkäse bis zu Avocado mit Tomatenscheiben – die Möglichkeiten sind grenzenlos. Ob süß oder herzhaft, Seelebeläge eröffnen eine Welt der kulinarischen Genüsse.

Hier ein paar Vorschläge für den Belag

Kräuter-Frischkäse:

Bestreichen Sie die Seelen großzügig mit cremigem Frischkäse und garnieren Sie sie mit frischen Kräutern wie Schnittlauch, Petersilie und Dill.

Räucherlachs mit Meerrettich:

Legen Sie dünn geschnittenen Räucherlachs auf die Seelen und garnieren Sie sie mit einer Prise Meerrettich für einen Hauch von Würze.

Avocado-Tomaten-Salsa:

Belegen Sie die Seelen mit Avocadoscheiben und einer frischen Tomaten-Salsa für einen fruchtigen und würzigen Genuss.

Caprese-Belag:

Verteilen Sie Mozzarella, Tomatenscheiben und frisches Basilikum auf den Seelen und beträufeln Sie sie mit Balsamico-Glasur.

Humus und geröstetes Gemüse:

Bestreichen Sie die Seelen mit Hummus und toppen Sie sie mit geröstetem Gemüse wie Paprika, Zucchini und Auberginen.

Gebratene Hähnchenbrust mit Pesto:

Legen Sie dünn geschnittene gebratene Hähnchenbrust auf die Seelen und geben Sie einen Klecks Basilikumpesto darauf.

Ei-Spinat-Belag: Krönen Sie die Seelen mit pochierten Eiern und gedünstetem Spinat für eine proteinreiche und nahrhafte Option.Brie und Feigenmarmelade:

Brie-Marmelade:

Kombinieren Sie cremigen Brie mit süßer Feigenmarmelade für eine harmonische Mischung aus süß und herzhaft.

Pulled Pork mit BBQ-Soße:

Setzen Sie auf saftiges Pulled Pork, übergießen Sie es mit Barbecue-Soße und genießen Sie den herzhaften Geschmack.

Schlusswort

In diesem Buch haben Sie eine faszinierende Reise durch die Welt des Seelenbackens unternommen. Das Geheimnis der perfekten Seele liegt nicht nur im richtigen Teig, sondern auch in der Hingabe, die man in jeden Handgriff steckt. Das Knacken der knusprigen Kruste und der zarte Geschmack des warmen Inneren sind mehr als nur Gaumenfreuden – sie sind eine Verbindung zu Traditionen und Geschichten, die sich um dieses einfache, aber köstliche Gebäck ranken.

Ich hoffe, dieses Büchlein hat nicht nur Ihre Backkünste bereichert, sondern auch Ihre Liebe für die Bäckerei geweckt. Seelen zu backen ist nicht nur ein kulinarisches Abenteuer, sondern auch eine kreative Kunstform. Mögen Sie immer wieder den Duft frisch gebackener Seelen in Ihrer Küche genießen und Ihre eigenen einzigartigen Kreationen entdecken. Möge dieses Buch Sie dazu inspirieren, nicht nur Seelen zu backen, sondern auch Freude und Gemeinschaft durch das Teilen dieser köstlichen Leckereien zu schaffen.

Mögen Sie viele fröhliche Stunden in der Küche verbringen und die wunderbare Tradition des Seelenbackens mit Ihren Lieben teilen. Vielen Dank, dass Sie sich auf diese Reise durch den Backofen gewagt haben – möge jeder Bissen eine Erinnerung an die Freude des Backens und des Teilens sein. Guten Appetit und „happy baking"!

Zeitfracht Medien GmbH
Ferdinand-Jühlke-Straße 7
99095 Erfurt, Deutschland
produktsicherheit@kolibri360.de